edition suhrkamp 2532

Intuitiv heftet man Freunden oder Kollegen schnell den semantischen Orden »hochintelligent« ans Revers, Intelligenz gilt neben Flexibilität und Teamfähigkeit als Kardinaltugend der Gegenwart. Wenn der subjektiv plausible Befund jedoch objektiviert werden soll, stößt man auf seltsame geometrische Figuren, Zahlenreihen und Listen mit Tieren, von denen eines angeblich nicht zu den anderen paßt. In seinem Essay setzt sich Hans Magnus Enzensberger mit der Geschichte und den Tücken der Verfahren auseinander, mit denen Psychologen seit dem Beginn des 20. Jahrhunderts an der Vermessung der Intelligenz arbeiten. Er kommt zu dem Ergebnis: »Wir sind eben nicht intelligent genug, um zu wissen, was intelligent ist.«

Hans Magnus Enzensberger

Im Irrgarten der Intelligenz

Ein Idiotenführer

Suhrkamp

6. Auflage 2020

Erste Auflage 2007
edition suhrkamp 2532

Suhrkamp Taschenbuch Verlag

Printed in Germany
Umschlag gestaltet nach einem Konzept
von Willy Fleckhaus: Rolf Staudt
ISBN 978-3-518-12532-8

Inhalt

Gott, sagten die Scholastiker, die Kirchenväter und lange vor ihnen schon die heidnischen Philosophen, Gott ist immaterielles Wesen, Intelligenz, Geist, reiner Verstand. Von Gott als Gott kann man sich kein Bild machen; aber kannst du dir von dem Verstande, von der Intelligenz ein Bild machen? Hat sie eine Gestalt? Ist ihre Tätigkeit nicht die unfaßbarste, die undarstellbarste? Gott ist unbegreiflich; aber kennst du das Wesen der Intelligenz?

Ludwig Feuerbach [1]

Der Gedanke, der Autonomie verlor, getraut sich nicht mehr, Wirkliches um seiner selbst willen in Freiheit zu begreifen. Das überläßt er mit respektvoller Illusion den Höchstbezahlten und macht dafür sich selber meßbar. Er benimmt sich tendenziell bereits von sich aus, als ob er unablässig seine Tauglichkeit darzutun hätte. Auch wo es nichts zu knacken gibt, wird Denken zum Training auf irgend abzulegende Übungen. Zu seinen Gegenständen verhält es sich wie zu bloßen Hürden, als permanenter Test des eigenen in Form Seins … Denken heißt nichts anderes mehr als darüber wachen, ob man auch denken kann.

Theodor W. Adorno [2]

I.

Ein Wort und seine Kapriolen

Wahrscheinlich entwickelt jede menschliche Gesellschaft ihren eigenen Tugendkatalog, in dem sie diejenigen Eigenschaften anführt, die sie für erstrebenswert hält, auch wenn sie nicht jeder erlangen kann. Der Kurswert dieser Tugenden schwankt. Zum Kummer derer, die das beklagen, hat die Moderne von antiken und mittelalterlichen Vortrefflichkeiten wie der Treue, der Tapferkeit, der Weisheit, der Demut und der Ritterlichkeit nie viel gehalten. Ihr gelten eher Flexibilität, Teamfähigkeit und Durchsetzungsvermögen als Kardinaltugenden. Vor allem aber muß, wer als Zeitgenosse gelten will, unbedingt intelligent sein.

Manchen Menschen, der auf diese Eigenschaft Wert legt, mag es überraschen, wenn ihm zu Ohren kommt, daß niemand so genau weiß, was das eigentlich ist: die Intelligenz. Der Versuchung, diesem schwer entbehrlichen Begriff mit einer handfesten Definition Handschellen anzulegen, sind schon viele erlegen. Aber wie man weiß, handelt es sich dabei um ein bewährtes Mittel, jede Diskussion zu sabotieren. Der Streit um die Sache verwandelt sich im Handumdrehen in einen Streit um Worte. »Stell dich nicht so an«, wird man dem Störenfried entgegnen, »wir wissen doch alle, was gemeint ist«, oder:

»Definitionen sind unfruchtbar.« Das erinnert an die berühmte Auskunft des heiligen Augustinus, der auf die Frage, was die Zeit sei, antwortete: »Wenn mich niemand danach fragt, dann weiß ich es; wenn ich es aber einem Fragenden erklären will, so weiß ich es nicht.«[3]

Nun erfordert die Wortklauberei zwar ein bißchen Geduld, aber sinnlos ist sie nicht; denn die Begriffsgeschichte hält allerhand Überraschungen bereit. Je genauer wir das Fremdwort ins Auge fassen, desto sonderbarer blickt es zurück. Das I-Wort stammt bekanntlich aus dem Lateinischen, aber die Römer haben es, wie viele ihrer Begriffe, von den Griechen übernommen, die als die eigentlichen Erfinder der Intelligenz gelten können; denn dort heißt *nóos* oder *noũs* bereits fast alles, was wir in unseren Köpfen vorfinden: »Sinn, Besinnung, Denkkraft, Verstand, Vernunft, Geist (bes. die Gottheit als weltordnender Geist); übh. Überlegung, Einsicht, Klugheit ...; Gemütsart, Gemüt, Herz, Denkart, Sinnesart, Gesinnung ...; Gedanke, Meinung, Wunsch, Wille, Absicht, Plan, Ratschluß, Entschluß ...; (von Wörtern, Gedanken, Handlungen u. ä.) Sinn (= Bedeutung, Zweck, Absicht).«[4]

Auch die lateinische *intelligentia* hat es in sich. Über das griechische Wortfeld hinaus kann das Wort nämlich Verständnis, Kennerschaft, Kunstverstand und sogar Geschmack bedeuten. Seine spätere Karriere ist reich an bemerkenswerten Wendungen. Im Mittelalter haben ihm die Theologen einen höchst sublimen Sinn verliehen. Die Kirchenlehrer bezeichneten damit nicht bloß ein *Attribut* Gottes, sondern Gott *ist selbst* die höchste *intelli-*

gentia. (Ein schwacher Nachhall dieser Auffassung ist die Lehre vom *intelligent design*, die in unseren Tagen, besonders von amerikanischen Christen, der Evolutionstheorie entgegengehalten wird.)

Aus dem Sprachgebrauch der Gelehrten ist das Wort dann allmählich in die Volkssprachen eingewandert. Im europäischen Westen wurde sein philosophischer Sinn bald durch profanere Bedeutungen verwässert. Besonders eigentümliche Blüten hat dieser Wandel in England und Frankreich getrieben. Dort verstand man unter *intelligence* schon im 17. Jahrhundert nicht nur eine Fähigkeit oder eine Person, die über sie verfügt, sondern zunächst ein »geheimes Einverständnis«, dann aber auch schlicht und einfach eine Mitteilung oder eine Nachricht. Dieser Wortgebrauch gilt im Englischen bis auf den heutigen Tag. So erklärt sich der Name, den sich die Central Intelligence Agency, vulgo CIA, beigelegt hat, ein Dienst, der sich, wie man weiß, selten durch höhere Einsichten hervorgetan hat.

Als Einwanderer aus dem Westen ist das I-Wort erst mit erheblicher Verspätung im Deutschen heimisch geworden, und zwar zunächst in seiner profaneren Bedeutung als bloße Information. »*Intelligenzblätter* nannte man« nämlich »die seit Anfang des 18. Jahrh. täglich oder an bestimmten Tagen erscheinenden Blätter, die schleunig zur öffentlichen Kenntniß oder Intelligenz gebracht werden sollten, und *Intelligenzcomptoir* die Anstalt, welche dergleichen Nachrichten sammelte und durch den Druck bekannt machte ... John Innys war der Erste, der 1637 in London eine solche Anstalt unter dem Namen

The Office of Intelligence ins Leben treten ließ.«[5] Übrigens zeichneten sich diese frühen Zeitungen durchaus nicht durch besondere Geistesanstrengungen aus; sie begnügten sich, schon durch die Zensur bedingt, mit einem bloßen Sammelsurium von *faits divers* und öffentlichen Bekanntmachungen. Erst viel später nimmt das Wort *Intelligenz* im Deutschen seine heutige Bedeutung an. Das Stichwort fehlt im größten deutschen Lexikon des 18. Jahrhunderts, dem achtundsechzigbändigen Zedler, ebenso wie bei Adelung (1774-1786). Ein Beleg dafür findet sich erstmals 1801 in Campes *Wörterbuch der Deutschen Sprache*.

II.

Die Stunde der Experten

Noch weit länger hat es gedauert, bis die Intelligenz zu einem Forschungsgegenstand geworden ist. Eine neue Wissenschaft, die Psychologie, hat sich als Nachzüglerin der Philosophie und der Theologie ihrer angenommen. Seitdem Wilhelm Wundt 1879 in Leipzig das erste Institut gründete, das solchen Untersuchungen gewidmet war, haben die Psychologen die Deutungshoheit darüber erobert, was unter Intelligenz zu verstehen ist. In ihrer heute landläufigen Bedeutung handelt es sich mithin um eine Erfindung, ohne welche die Menschheit ein paar hunderttausend Jahre lang auskommen mußte.

Der Fleiß der Psychologen hat begreiflicherweise auch die Soziologie nicht ruhen lassen, der es gelungen ist, dem I-Wort eine weitere Dimension zu eröffnen. Eine Schicht, die man früher vielleicht als Geistesarbeiter bezeichnet hätte, heißt seitdem ebenfalls *Intelligenz.* In diesem Fall hat man es freilich mit einem Import aus Rußland zu tun, einem Land, wo seit der Mitte des 19. Jahrhunderts bekanntlich die *intelligenzija* blüht.

Unser moderner Begriffscontainer hat somit den Vorteil, daß er überaus geräumig ist und eine große Artenvielfalt beherbergt. Sollte jemand immer noch ernsthaft glauben, Intelligenz sei gleich Intelligenz, so irrt sich der. Die Experten haben keine Mühe gescheut, um in das Durcheinander, das in unseren Köpfen herrscht, ein wenig Ordnung zu bringen. Sie unterscheiden penibel, wie es ihre Art ist, zwischen biologischer und psychometrischer, motorischer und rationaler, analytischer und kreativer, sprachlicher und visueller, räumlicher und logisch-mathematischer, kinästhetischer und musikalischer, pragmatischer und mechanischer, interpersonaler und intrapersonaler, kristalliner und flüssiger, funktionaler und manipulativer Intelligenz – und das sind keineswegs alle Sorten, die es unter eine Haube zu bringen gilt. Den Vogel hat bei dieser Übung ein amerikanischer Psychologe – besser gesagt: Psychometer – namens J. P. Guilford abgeschossen, der es in seinem Werk *The Nature of Human Intelligence*[6] auf sage und schreibe einhundertundzwanzig Spielarten gebracht hat.

Doch auch seine Liste ist keineswegs vollständig. Es werden nämlich fortwährend neue Arten entdeckt. Als besonders wertvoll haben sich in den letzten Jahrzehnten die soziale und die emotionale Intelligenz erwiesen, während die Führungs- und die Erfolgsintelligenz bisher wenig akademisches Ansehen genießen und eher in den Management-Ratgebern florieren.

Ausschweifend, porös, diffus, so stellt sich der I-Begriff dar. Eine Einigung dürfte da kaum zu erzielen sein. Vielleicht sollten wir, statt im Labyrinth der Fachleute umherzuirren, bei einer anderen Quelle Rat und Auskunft suchen – einer Quelle, die jedem zu Gebote steht. Das ist die Sprache, in deren Wortschatz sich über lange Zeiträume hinweg gespeicherte Erfahrungen niedergeschlagen haben. Mit wissenschaftlichen Methoden kann ein solches Vorgehen leider nicht aufwarten. Es könnte sich jedoch erweisen, daß das Vokabular der Alltagssprache über so reiche Differenzierungsmöglichkeiten verfügt, daß die akademische Terminologie ihm nicht das Wasser reichen kann, wenn es um subtile Nuancierungen und vielsagende Untertöne geht. Allerdings, mit dem wertfreien Urteil, das bei der Forschung so hoch im Kurs steht, hat unser Wortschatz nichts im Sinn.

III.

Aufs Maul geschaut

Öffnen wir also den Intelligenz-Container einen Spalt weit und lassen die Eingeschlossenen frei. Als erste stellen sich vor: der Vernünftige, begleitet von seinem kleinen Bruder, dem Verständigen, und gefolgt vom Klugen, vom Einsichtigen und vom (Erz- oder auch Blitz-)Gescheiten. Es dürfte auf der Hand liegen, daß es sich dabei keineswegs um Synonyme handelt. Auch in der langen Prozession, die folgt, mag es Ähnlichkeiten geben, aber eineiige Zwillinge wird man kaum entdecken. Während sich nämlich der eine geistvoll gibt, ist der andere weise. Es treten ferner auf den Plan: der Hell-, der Weit- und der Umsichtige, der Klardenkende, der Hochbegabte, der Scharf-, der Fein- und der Tiefsinnige. Auch der Geistesgegenwärtige darf nicht fehlen. Es wäre fatal, den Besonnenen mit dem Gewitzten zu verwechseln oder gar den Begabten mit dem Genialen. Bescheidener tritt hingegen auf, wer nur findig, ein heller oder ein aufgeweckter Kopf ist.

Nicht jeder, den unser Container beherbergt, genießt bei seinen Mitmenschen unbedingten Respekt. Die Bewunderung für den Spitzfindigen und den Haarspalter hält sich in Grenzen. Was den Schlaumeier und das Schlitzohr, den Siebengescheiten und den Neunmalklugen angeht, so begegnet man ihnen mit herablassender Ironie. Mit Argwohn wird betrachtet, wer sich als listig, pfiffig, clever, smart oder ausgefuchst erweist. Auf diesem Gebiet ist die Konkurrenz besonders groß, und es ist nicht immer leicht, zu unterscheiden, wer es bloß faustdick hinter den Ohren hat, wer mit allen Wassern gewaschen ist, wer's bis zum Gewieften, Raffinierten und Durchtriebenen gebracht hat und wer darüber hinaus als ausgebufft, abgefeimt, gerissen und verschlagen gelten kann. Geradezu höhnisch fällt auf jeden Fall das Urteil aus, wenn es sich um einen Wunderknaben, einen Geistesriesen, eine Intelligenzbestie oder um einen Klugscheißer handelt.

Dieses Melderegister der Container-Insassen kann natürlich keinerlei Vollständigkeit für sich beanspruchen. Es zeigt jedoch, daß es sich zu leicht macht, wer sich mit einem Passepartout-Begriff für das begnügt, was sich unter der Hirnschale abspielt. Noch ergiebiger fällt die Gegenprobe aus.

Die Frage, wer das I-Prädikat nicht verdient, läßt eine enorme Zahl von Antworten zu. In der Negation zeigt sich erst die Fülle dessen, was man in früheren Zeiten die menschlichen Geistesgaben nannte. Ein weites und reich bestelltes Feld eröffnet sich, wenn statt von der Intelligenz von ihrer Abwesenheit die Rede ist. Auch für die Dummheit nämlich gibt es kein Wort, das der Vielfalt der Erscheinungen gerecht werden könnte. Wir müssen uns hier, statt die subtilen Unterscheidungen, die da zu treffen wären, gebührend zu würdigen, nolens volens mit einer schlichten Auflistung des Materials begnügen:

Unvernünftig; (stroh-, sau-, stock-, brunz-)dumm; blöde; dämlich; dusselig; stupide; unbedarft; trottelhaft; dickfellig; tolpatschig; minderbemittelt; hirnlos; doof; unterbelichtet; geistlos; beknackt; bekloppt; behämmert; töricht; schwer von Begriff; dumpf; verschnarcht; konfus; begriffsstutzig; hirnrissig; kopflos; borniert; engstirnig; beschränkt; stur; vernagelt; verbohrt; verschroben; hirnverbrannt; überkandidelt; unzurechnugsfähig; zurückgeblieben; närrisch; verblödet; stumpfsinnig; plemplem; idiotisch; imbezil; schwachsinnig; debil.

Darüber hinaus können wir auf ein enormes Repertoire von idiomatischen Wendungen zurückgreifen, als da sind:

Er ist auf den Kopf gefallen; hat das Pulver nicht erfunden; kann nicht bis drei zählen; ist nicht ganz dicht; hat eine weiche Birne; einen Dachschaden; eine lange Leitung; einen Sparren; einen Hau; einen Stich; einen Knall; einen Vogel; einen Zacken in der Krone; ein Brett vor dem Kopf; einen Sprung in der Schüssel; ist nicht ganz bei Trost; ist von allen guten Geistern verlassen; aufs Hirn gefallen; als Kind zu heiß gebadet worden; hat nicht alle Tassen im Schrank. Er tickt nicht richtig; bei ihm rappelt es; piept es; da ist eine Schraube locker; er spinnt; ist nicht ganz dicht; ist jeck; gaga; meschugge; balla balla …

Auch an einschlägigen Substantiven herrscht kein Mangel. Der oder jene nämlich gilt als

> *Dumm-, Schwach-, Hohl-, Flach-, Wirr-, Dös-, Holz-, Stroh-, Schafs-, Knall- oder Plattkopf; Dödel; Depp; Dumpfbacke; Dussel; Dummerjan; Dämlack; Dummbeutel; (Voll-)Trottel; Kleingeist; Einfaltspinsel; Bierdimpfel; Schwachmathikus; Pfeife; Blödian; Schussel; Flasche; Simpel; Nulpe; Gimpel; Seifensieder; (Voll-, Fach-)Idiot; Kretin; Spatzenhirn; Schafsnase; Zicke; Pute; Gans; Rindvieh; (Horn-)Ochse; Kuh; Esel; Gorilla; Kamel.*

Dreierlei fällt an dieser Liste auf.
Zum einen ist das Vokabular, das zur Verfügung steht, wenn es um Defizite geht, weit umfangreicher als jenes, das unsere vorteilhafteren Gaben beschreibt. Zwar werden auch die nicht unkritisch gesehen; an allerhand Vorbehalten fehlt es nicht; auch Neid und Häme spielen eine Rolle. Dort, wo es um die Dummheit geht, herrscht aber durchgehend ein beleidigender Ton.
Zweitens scheint es den meisten, die ihren Ärger oder ihre Verachtung für die Dummen ausdrücken wollen, schwerzufallen, zwischen Alltag und Klinik zu unterscheiden. Das gängige Vokabular neigt dazu, Krankheit und Dummheit in einen Topf zu werfen. Unklar bleibt, ob es einem, der »nicht alle Tassen im Schrank« hat, nur an Klugheit fehlt oder ob es sich um einen Fall für die Psychiatrie handelt. Durch die Bank ignoriert werden die oft sehr beträchtlichen geistigen Fähigkeiten schizo-

phrener oder autistischer Patienten. Obwohl solche Menschen oft nur einen IQ von 50 erreichen, erbringen manche von ihnen sensationelle Leistungen. Dieses Phänomen hat es sogar zu einem wissenschaftlichen Namen gebracht: man nennt es das »Savant-Syndrom«. Ein *idiot savant* ist zum Beispiel in der Lage, auf Anhieb riesige Zahlen daraufhin zu prüfen, ob sie prim sind, oder er spielt mühelos eine Sonate nach, die er nur einmal gehört hat. (Die Psychologen stehen vor einem Rätsel.)

Und drittens gibt die Hartnäckigkeit zu denken, mit der alle möglichen Tiere zum Vergleich herangezogen werden, ganz so, als hätte die Evolution außer uns nur bedauernswerte Mängelwesen hervorgebracht. Merkwürdig, daß das vieltausendjährige Zusammenleben mit dem Hund, dem Schaf, dem Rind, der Ziege, dem Pferd und anderen Gefährten die Menschheit nicht eines Besseren belehrt hat, ganz zu schweigen von unserer näheren Verwandtschaft, den Primaten.

Dabei sind es ja nicht nur die uns nahestehenden Tiere, die eindrückliche Leistungen vollbringen. Ein Mensch, der versucht, sich mit einem Stadtplan in der Hand zu orientieren, wirkt hilflos im Vergleich mit der erstbesten Schwalbe, weil deren winziges Gehirn ein phantastisch effektives Navigationssystem beherbergt, mit dessen Hilfe sie unfehlbar über riesige Distanzen hinweg ihren Weg findet. Sogar die bescheidene Stubenfliege ist imstande, dem verärgerten Jäger mit der Klatsche immer wieder zu entkommen, weil sie über ein beneidenswertes System der Koordination und über ein Reaktionsvermögen verfügt, dem wir nichts Vergleichbares entgegenzusetzen haben. Und »mit Hilfe geometrischer Muster am Himmel, die im Laufe des Tages ihre Lage im Raum und ihre innere Struktur verändern, aber für uns Menschen unsichtbar sind, können Wüstenameisen nach geglücktem Beutefang sekundenschnell ihre direkte Rücklaufrichtung zum Nest bestimmen«.[7] Mögen diese Fähigkeiten auch nur sehr partiell dem entsprechen, was wir mit dem I-Wort zu beschreiben suchen, so verdienen sie doch eher Bewunderung als Geringschätzung.

IV.

Die ersten Vermessungsdirigenten

Alfred Binet, ein Herr mit beachtlichem Schnurr- und Backenbart, Zwicker und Plastronkrawatte, war ein Menschenfreund. Geboren in Nizza, studierte er zunächst Jura, doch hatte er keine Lust, den Rest seines Lebens im Schwurgericht oder in einer Anwaltskanzlei zu verbringen. Er wandte sich einer neuen Wissenschaft zu, der Neurologie, und ging als Schüler Charcots an die Salpêtrière, wo er an dessen Experimenten mit der Hypnose teilnahm. Zu seinem Leidwesen erwies sich diese Therapie als fragwürdig, und er verabschiedete sich von seinem Lehrer. Man muß früher anfangen, dachte er, bei den Kindern. Daß er zwei Töchter hatte, bestärkte ihn in dieser Überlegung. Als im Jahre 1889 an der Sorbonne ein Laboratorium für Psychophysiologie gegründet wurde, war Binet mit von der Partie, und ein paar Jahre später wurde er zum Direktor dieses Instituts ernannt.

Einer aufgeklärten französischen Regierung war inzwischen aufgefallen, daß es Kinder gab, die mit den Segnungen der allgemeinen Schulpflicht nichts anzufangen wußten, und sie berief eine Expertenkommission, die untersuchen sollte, woran das lag; wie man solche »schwierigen« Schüler beizeiten identifizieren konnte;

und was zu tun war, um ihnen auf die Beine zu helfen. Vor eine solche Aufgabe gestellt, hatten Binet und sein Kollege Theodore Simon eine Idee, die sich als folgenreich erweisen sollte. Als gute Positivisten nahmen sie sich vor, etwas zu messen, was bis dahin nie beziffert worden war: die Intelligenz. Dazu erfanden sie eine Reihe von Aufgaben, von denen sie annahmen, daß sie den Fähigkeiten von Kindern einer bestimmten Altersstufe entsprachen. Sie berieten sich mit erfahrenen Lehrern und baten sie, Schüler auszuwählen, die in ihren Augen dem Durchschnitt entsprachen. Fünfzig solcher Kinder, zehn für jede von fünf Altersklassen, dienten ihnen als Testpersonen.[8] Kann ein Kind einem brennenden Streichholz mit den Augen folgen? Ist es imstande, dem Prüfer die Hand zu schütteln? Diesen Aufgaben waren selbst schwer behinderte Schüler gewachsen. Zeige auf dein Knie, deine Nase, deinen Ellenbogen! Wiederhole die folgenden drei Zahlen! Sage mir, was ein Löffel ist, eine Tür, eine Schwester! Und so weiter. Wie unterscheiden sich diese beiden Bilder? Kannst du einen Satz bilden, in dem die Wörter *Geld, Wasser* und *bitte* vorkommen? Der schwierigste Test lief darauf hinaus, daß das Kind für ein Wort wie *Kohlen* drei Reime finden oder eine Frage wie die folgende beantworten sollte: »Meine Nachbarin hat neulich sonderbare Besucher empfangen. Erst kam ein Arzt, dann ein Advokat und dann ein Priester. Was ist da passiert?«

Die beiden Erfinder stuften die Kinder, je nach ihren Antworten, auf einer Skala ein, die anzeigen sollte, welche Entwicklungsstufe sie erreicht hatten. Wenn ein Sechsjähriger alle Aufgaben richtig gelöst hatte, entsprachen seine Fähigkeiten seinem Lebensalter, und er bekam die Note 6,0. Ein Gleichaltriger, der es nicht geschafft hatte, mußte sich mit einem »Intelligenzalter« von 5,1 oder 4,4 zufriedengeben; er war ein Kandidat für die Sonderschule.

Binet war alles andere als ein Dogmatiker der Wissenschaft. Er hegte keine Allmachtsphantasien; er wollte sich einfach nützlich machen. Seinen Test hat er mehrfach korrigiert. Übrigens hat er es stets abgelehnt, die Punktzahl, die er einem Kind zuschrieb, als Intelligenz zu interpretieren. Er war der Auffassung, daß sich diese Gabe nicht mit einer einzigen Zahl abbilden läßt: »Die Skala«, sagte er, »erlaubt, ehrlich gesagt, keine Messung der Intelligenz, da intellektuelle Qualitäten nicht addiert und somit nicht wie lineare Oberflächen gemessen werden können.«

V.

Verfeinerungen

Da waren seine Nachfolger ganz anderer Meinung. Dem deutschen Psychologen William Stern, der 1912 den Begriff des Intelligenzquotienten geprägt hat, waren Binets Zweifel fremd. Um den IQ zu ermitteln, muß man, seiner Formel zufolge, das »Intelligenzalter« eines Kindes durch sein tatsächliches Alter dividieren und diesen Wert mit 100 multiplizieren. Wenn man ihn auf die gesamte Population mit dem Mittelwert 100 skaliert, kann man die Berechnung auch auf Erwachsene ausdehnen, indem man von einer Normalverteilung ausgeht und die Standardabweichung bestimmt. (Dabei handelt es sich allerdings, strenggenommen, nicht mehr um einen schlichten Quotienten, sondern um ein anspruchsvolleres Konstrukt.)

Diese Methode hat sich ziemlich rasch flächendeckend durchgesetzt. Zum ersten Mal wurden Intelligenztests millionenfach im Ersten Weltkrieg angewendet, und zwar vom amerikanischen Militär. Wo läßt sich ein Rekrut am besten einsetzen? Wer ist ein brauchbarer Kandidat für die Offiziersausbildung? 1 750 000 Wehrpflichtige sollen damals auf diese Weise ausgesiebt worden sein.

Unterdessen konnten sich die akademischen Experten der Verfeinerung ihrer Methoden widmen. Daß es dabei zu Streitigkeiten kam, die bis auf den heutigen Tag toben, wird keinen Kenner des Milieus wundern. Die einschlägige Literatur zeugt von jenem unermüdlichen Streben nach Vervollkommnung, das zum wissenschaftlichen Ethos gehört. Als sich dann auch noch die Statistiker einmischten, um der Sache mit mathematischer Präzision aufzuhelfen, geriet der arme Binet hoffnungslos ins Hintertreffen. Durchgesetzt hat sich am Ende ein in Stanford entwickelter Test, der immer wieder revidiert worden ist und bis heute verwendet wird.

Die Experten gingen bei ihren Tüfteleien mit ausgekochten Methoden vor. Sie boten alles auf, was der Werkzeugkasten der Statistik zu bieten hat: Faktorenanalyse, Intervallskalen, Matrizenoperationen, Restvarianzen, nichtparametrische Korrelationen und andere schöne Dinge, mit denen sich besonders intelligente Leute gern beschäftigen. Ein Beispiel für solche Übungen sieht folgendermaßen aus:

»Spearmans Rangkorrelationskoeffizient ist benannt nach Charles Spearman und wird oft mit dem griechischen Buchstaben ϱ (rho) bezeichnet. Im Prinzip ist ϱ ein Spezialfall des Pearsons-Produkt-Moment-Korrelationskoeffizienten, bei dem die Daten in Ränge konvertiert werden, bevor der Korrelationskoeffizient berechnet wird:

$$r_{SP} = \frac{\xi_i \, (rg(x_i) - \overline{rg}_x)\,(rg(y_i) - \overline{rg}_y)}{\sqrt{\xi_i \, (rg(x_i) - \overline{rg}_x)^2}\;\sqrt{\xi_i \, (rg(y_i) - \overline{rg}_y)^2}}$$

$[rg(x) = \text{Rang von } x]$

In der Praxis wird meistens eine einfachere Formel zur Berechnung von ϱ benutzt. Die Rohdaten werden in Ränge konvertiert und die Differenz d_i zwischen den Rängen beider Variablen wird für jede Beobachtung berechnet. ϱ ist dann gegeben durch:

$$r_{SP} = 1 - \frac{6\,\xi_i\, d_i^{\,2}}{n \cdot (n^2 - 1)} \qquad mit\ d_i = rg(x_i) - rg(y_i)$$

mit:

d = die Differenz zwischen den Rängen von x und y einer Beobachtung;
n = Anzahl der Wertepaare. Sind alle Ränge verschieden, ergibt diese einfache Formel exakt dasselbe Ergebnis.

Die Formel wird etwas komplizierter, wenn identische Werte für x oder y existieren, aber solange nicht sehr viele Werte identisch sind, ergeben sich nur kleine Abweichungen.«[9]

Die technische Bibliographie zu solchen und ähnlichen Themen dürfte, von Anastasi bis Zhang und von Asch bis Zwiebel, Zehntausende von Titeln umfassen.

VI.

Ad usum Delphini

Wir werden uns hüten, in diese höheren Sphären der Methodenforschung vorzudringen. Statt dessen wenden wir uns lieber einer schlichten Handreichung zu, die uns vielleicht mit der Praxis der Intelligenzmessung vertraut machen kann. Es handelt sich um ein Werk eines Fachmanns, der sich nicht nur als Hardliner hervorgetan hat, sondern auch als Bestseller-Autor. Er heißt Hans Jürgen Eysenck, lehrte an der Universität London und gilt als einer der maßgeblichen Repräsentanten der naturwissenschaftlich-experimentell orientierten Psychologie. Sein Intelligenztest stammt zwar aus dem Jahre 1962, aber er wird heute noch in der ganzen Welt millionenfach gebraucht; seine Werke sind, obwohl der Autor 1997 verstorben ist, in jeder guten Buchhandlung zu haben und werden gerne konsultiert.

Eines davon heißt *Intelligence. A New Look*;[10] die deutsche Übersetzung trägt den albernen Titel *Die IQ-Bibel.*[11] Schlichter und eher für den Hausgebrauch geeignet ist ein Taschenbuch, das seit mehr als fünfzig Jahren zahllose Auflagen erlebt hat: *Intelligenz-Test.*[12] Es handelt sich um eine Gebrauchsanweisung, mit deren Hilfe der Leser feststellen kann, wie es nach Ansicht von Hans Jürgen Eysenck um seine Geistesgaben bestellt ist. (Diese Bezeichnung würde manchem Forscher vermutlich schon deshalb mißfallen, weil der Geist seit geraumer Zeit aus der Mode gekommen ist.) »Jeder der nachfolgenden Tests«, heißt es in der Einleitung, »besteht aus 40 Aufgaben. Sie haben genau eine halbe Stunde Zeit, um die Aufgaben zu bearbeiten, arbeiten Sie so schnell wie möglich. Es wird Ihnen nicht gelingen, alle 40 Aufgaben in der angegebenen Zeit zu lösen, lassen Sie sich dadurch nicht aus der Ruhe bringen ... Vergessen Sie nicht, daß die Aufgaben im großen und ganzen gegen Ende des Tests immer schwieriger werden.«

Bei einem ersten Blick auf die acht Tests fallen vor allem die Illustrationen ins Auge. Neben einer Menge von geometrischen Figuren, allerhand Kreisen, Pfeilen, Drei- und Vierecken, Sternchen und Spiralen, wimmelt das Buch von Strichmännchen aller Art. Menschen kommen, gleichgültig in welchem Zusammenhang, nur in dieser Form vor. Sie wirken so, als hätte eine Kindergärtnerin versucht, einen infantilen Fünfjährigen nachzuahmen – ein vergebliches Bemühen, da selbst ein behindertes Kind weit mehr Phantasie und Unterscheidungsvermögen aufbringt als der anonyme Graphiker, der sich dabei wohl an die Anweisungen des Autors halten mußte – falls es nicht der Professor selber war, der diese Bilder entworfen hat. Besonders dämlich fallen die Gesichter aus, die mit gezirkelter Akkuratesse dem Schema folgen: Punkt, Punkt, Komma, Strich, fertig ist das Angesicht. Gelegentlich tauchen auch andere Lebewesen auf wie Katzen oder Fische. Kein Kinderbuchillustrator würde es wagen, seinen Lesern solche Bilder zuzumuten.

Unter den Gegenständen, mit denen die Testperson sich beschäftigen soll, überwiegen Raketen, Autos, Lokomotiven, Fabriken und Flugzeuge. Auch sie werden so dargestellt, wie sie ein hypothetischer Kretin zeichnen würde, d. h. auf eine Art und Weise, die jeder Schwachsinnige als läppisch zurückweisen würde. Sonderbar wirkt überdies der anachronistische Zug der Bildchen; sie zeigen nämlich Modelle, die nur noch in Museen anzutreffen sind – womöglich eine Reminiszenz an die Jahre nach dem Ersten Weltkrieg, als der junge Forscher noch mit seinem Blechauto spielte. Alltagsgegenstände wie Löffel, Schuhe oder Zahnbürsten fehlen völlig.

Die Tests setzen ein gerüttelt Maß an typischen Schulkenntnissen voraus. Wer nicht weiß, was eine Primzahl ist, und wer ein Palimpsest nicht von einem Palindrom unterscheiden kann, hat keine Chance. Um nicht durchzufallen, sollte der Proband die Namen sämtlicher Planeten kennen und firm im Aufzählen von Hauptstädten sein. Auch Automarken gehören zum Minimum an Bildung, das zum Bestehen der Prüfung erforderlich ist, ebenso wie eine lange Liste von berühmten Dichtern, Komponisten, Malern, Filmstars und Generälen. Was das alles mit Intelligenz zu tun hat, gehört wohl zu jenen Geheimnissen des Verfassers, die sein Werk nicht preisgibt.

Ansonsten werden durchgehend Leistungen abgefragt, wie sie in den Rätselecken vieler Wochenzeitungen trainiert werden. In diesen beliebten Rubriken geht es allerdings nicht um den IQ, sondern um ein harmloses Vergnügen, das als Denksport oder Knobelei firmiert.

Gemeinsam ist allen Rätselfragen, die der Test stellt, daß sie in der Regel nur eine einzige richtige Antwort zulassen. Das ist im Grunde ziemlich seltsam; denn in der wirklichen Welt sind solche Situationen die Ausnahme. Ganz gleich, um was es bei unseren Entscheidungen geht – um eine Bewerbung, einen Wahlkampf, eine Scheidung, einen Mietvertrag –, stets haben wir es mit zahlreichen Variablen zu tun, die noch dazu wechselseitig voneinander abhängen. Sie sind mit einem Wort *komplex.*

Überdies werden dem, der solche Probleme zu lösen hat, nicht, wie bei den herkömmlichen Tests, alle relevanten Informationen fix und fertig serviert; sie zu beschaffen und gegeneinander abzuwägen ist vielmehr ein Teil der zu lösenden Aufgabe. Nicht einmal das zu erreichende Resultat ist von vornherein eindeutig festgelegt, sondern man hat es gewöhnlich mit Zielkonflikten zu tun, die es aufzulösen gilt. Und schließlich haben komplexe Szenarien eine zeitliche Dimension, die der Test ignoriert, weil jede Entscheidung, die wir treffen, zu zukünftigen Konsequenzen führt, die in Betracht zu ziehen sind. Das alles sind Leistungen, von denen man kaum behaupten kann, daß jeder Dummkopf fähig ist, sie zu erbringen. Von alledem ist bei Eysenck nicht die Rede.

Je genauer man sein Werk studiert, um so zwingender wird man zu dem Schluß kommen, daß es sich um ein unfreiwilliges Selbstporträt des Verfassers handelt. Wir haben es offensichtlich mit einem Musterschüler zu tun, der in den Mathematik- und Geographiestunden immer gut aufgepaßt hat. Leider hat dieser bewundernswerte Fleiß seinen Preis. Erkauft wurde sein erstklassiger Notendurchschnitt mit einem extrem reduzierten Wahrnehmungsvermögen, mit einem gestörten Verhältnis zur Ästhetik und mit einer Art Weltfremdheit, der jeder Bezug auf die Lebenswelt fehlt. Für die Politik oder für irgendeine gesellschaftliche Praxis bringt die ideale Versuchsperson kein Interesse auf.

Dafür ist sie spezialisiert auf das Bestehen formalisierter Prüfungen, vor allem von solchen, die sie selber entwikkelt hat. Hierin sieht der Autor auch sein wichtigstes Erfolgskriterium. »Über den Daumen gepeilt«, teilt er ehrgeizigen Eltern mit, »sollten Kinder, die aufs Gymnasium gehen wollen, einen IQ von mindestens 115 aufweisen, bei Studenten sollte er mindestens 125 betragen. Um ein Examen mit Auszeichnung zu machen, muß ein Student einen IQ von mindestens 135 haben.« Auch für das Militär gelten strenge Regeln: »Von allen Prüflingen, die einen IQ-Wert von 140 oder darüber ... erreichten, erlangten über 90 Prozent das Offizierspatent.«

Überhaupt hat, wer bei Professor Eysenck gut abschneidet, auch im Erwerbsleben gute Karten: »In anderen Studien wurden die Korrelationen zwischen IQ und Einkommenshöhe untersucht, und auch hier ergab sich eine direkte Proportionalität zwischen Intelligenz und Erfolg.« Allerdings mit beklagenswerten Einschränkungen: »Denn es gibt einige Gruppen mit hohem IQ, wie z. B. Lehrer und Professoren, deren Dienste von der Gesellschaft nicht angemessen vergütet werden.«

VII.

Ach ja, die Elite!

Nach alledem mag es naheliegen, sich über diesen verdienten Wissenschaftler lustig zu machen. Aber damit würde man ihn unterschätzen. Denn er hat es nicht nur gut gemeint mit seinen Probanden. Er war gewitzt genug, um die Einwände, die auf ihn niederprasselten, zu berücksichtigen; ja, er hat sogar versucht, sie vorwegzunehmen. In seinen Erläuterungen macht er seinen Kritikern gewisse Zugeständnisse: »Will man Fragen der Intelligenzmessung erörtern, dann gilt es zunächst einmal, ein weitverbreitetes Mißverständnis auszuräumen. Viele Menschen glauben nämlich, es gebe eine gesicherte wissenschaftliche Theorie der Intelligenz ... Intelligenztests basieren keineswegs auf stichhaltigen theoretischen Erkenntnissen. Zudem gibt es unter den Experten kaum Übereinstimmung darüber, was denn Intelligenz eigentlich sei.« Und es kommt noch schlimmer; denn »auf keinen Fall darf man Schwachsinn mit einem Mangel an Intelligenz gleichsetzen«. Diese Einsichten haben den Eifer des Forschers jedoch keineswegs gedämpft. Eysenck beruft sich in gut pragmatischer Manier darauf, daß sein Test »in der Praxis aber sehr erfolgreich« sei, und verweist in diesem Zusammenhang auf das Thermometer. Als es erfunden wurde, gab es nämlich auch noch kei-

ne kohärente physikalische Wärmelehre, und trotzdem hat es sich als brauchbar erwiesen. Soviel Bescheidenheit sollte seine vielen Kritiker stutzig machen.
Beim Publikum jedenfalls hat Eysenck mit seinem Test viel Anklang gefunden. Das mag auf den ersten Blick rätselhaft erscheinen. Indessen gilt die Intelligenz, wie gesagt, als eine Kardinaltugend der Moderne, und das Streben nach der Tugend ist, wie schon die Alten wußten, dem Menschen angeboren. So kommt es wohl, daß sich viele aus freien Stücken der Prüfung durch einen strengen, streng wissenschaftlich orientierten Experten unterziehen, vor allem dann, wenn ein Zweifel an der eigenen Vortrefflichkeit an ihnen nagt. Um so erhebender ist es dann, wenn der magische Quotient die hundert übersteigt. Man kann dann mit einem gewissen Recht von sich sagen, daß man einer Elite angehört, und darf sich um die Mitgliedschaft in einem Club bewerben, der solchen ausgezeichneten Personen als Heimstatt dient.
Er nennt sich Mensa International und heißt alle willkommen, deren Quotient höher liegt als bei 98 Prozent der restlichen Population. Die Aufnahmekriterien sind erbarmungslos. Jeder Antragsteller muß einen von der Organisation genehmigten Standardtest absolvieren, den das nächstgelegene Mensa-Büro bereithält. (Amüsanterweise existiert inzwischen sogar eine DIN-Norm für solche Tests, die allerdings nicht verhindern konnte, daß Tausende von konkurrierenden Modellen im Schwange sind; dem *Mental Measurements Yearbook* zufolge waren es 1974 bereits 2467.[13]) Auch Schultests werden akzeptiert, vorausgesetzt, man legt eine mit dem Stempel der Schu-

le versehene Kopie des Ergebnisses vor. Auch kann man sich notfalls an einen Diplompsychologen wenden und dessen Bericht einsenden, der allerdings auf seinem offiziellen Briefpapier abgefaßt, eigenhändig unterschrieben, mit seiner Lizenznummer versehen und notariell beglaubigt sein sollte. Einer Mitgliedschaft in diesem erlesenen Kreis steht dann nichts mehr im Wege.

Ein allzu großer Andrang ist, schon wegen der anstrengenden Prozedur, wohl nicht zu befürchten, obwohl der Club nach eigenen Angaben rund hunderttausend eingeschriebene Mitglieder zählt. Das mag an dem Mißtrauen liegen, das viele Menschen Geistesriesen gegenüber hegen. Aber vielleicht haben sie einfach nur keine Lust, sich freiwillig einem Test zu unterziehen? In diesem Fall tauchen sie natürlich in den einschlägigen Statistiken gar nicht auf. Dort, wo auf die Probanden, wie in manchen Schulen oder Kliniken, ein sanfter Druck ausgeübt wird, werden solche Leute auf eine Taktik zurückgreifen, die sich seit Menschengedenken als recht erfolgreich erwiesen hat. Sie werden sich einfach dumm stellen – eine sichere Methode, um jeden Tester zur Verzweiflung zu bringen. Traditionell haben, nicht nur an den Höfen, die Narren zu diesem Mittel gegriffen, das selbstverständlich Geistesgegenwart und Raffinement voraussetzt. Das klassische Beispiel für dieses Verfahren, dem mit wissenschaftlichen Methoden schwer beizukommen ist, bietet Jaroslav Hašek mit seinem klassischen Werk, den *Abenteuern des braven Soldaten Schweijk während des Weltkriegs.* Auch das Genie Karl Valentin hätte jeden Versuch, seine Intelligenz zu testen, mühelos matt gesetzt.

VIII.

Lästige Fragen

Schon die einfachsten laienhaften Erkundigungen, wie sie gewöhnlichen Menschen einfallen, stoßen bei vielen Gelehrten auf Befremden oder auf Ratlosigkeit. Was ist *common sense*? Kreativität? Inspiration? Empathie? Naivität? Intuition? Wie soll man so etwas messen? Das sind wahrhaft bange Fragen, auf die sich ein sauberer IQ-Test lieber nicht einlassen wird.
Viel stärkere Kaliber jedoch haben die professionellen Kritiker aufgefahren, und zwar von Anfang an. Sie haben sich nicht damit begnügt, an den methodischen Schwächen des einen oder anderen Tests herumzumäkeln. Schon Binet, der Pionier, hat an der Meßbarkeit der Intelligenz gezweifelt. Niemand hat diesen Einwand grundsätzlicher formuliert als Stephen Jay Gould, der brillante Biologe und Evolutionsforscher aus Harvard, in seinem Buch *Der falsch vermessene Mensch.*[14]
Es sind zwei fundamentale Trugschlüsse, die er den Testmethoden der Psychologen ankreidet. Das ist zum einen die Verdinglichung von abstrakten Größen wie dem IQ oder dem g genannten »allgemeinen Intelligenzfaktor«. Gould zufolge läßt sich Intelligenz als eine kompakte, fest umschriebene Erscheinung auf keine Weise quantifizieren; deshalb ist es unmöglich, eine Meßzahl

anzugeben, die dazu taugen könnte, sie einem Individuum zu- oder abzuschreiben.

Zum zweiten greift Gould die Vorstellung an, daß sich komplexe Phänomene auf einer eindimensionalen Skala messen und auf diese Weise in eine eindeutige Reihenfolge bringen lassen wie etwa der Rang eines Fußballclubs anhand der Punktzahl und des Torverhältnisses. Bei Erscheinungen, die, wie die Intelligenz, ihrer Natur nach mehrdimensional sind, müssen solche Zuordnungen versagen. Mit anderen Worten: Die Meßergebnisse, die ein IQ-Test liefert, sind weiter nichts als statistische Artefakte.

Das gilt besonders für die sogenannte Faktorenanalyse, eine Methode, auf die keiner der üblichen Tests verzichtet. Ihren Kardinalfehler sieht Gould darin, daß sie zur Verwechslung von Ursachen und Korrelationen führt. Der Autor trifft beispielsweise die wenig überraschende Feststellung, daß sein Lebensalter mit jedem Jahr zunimmt. Gleichzeitig steigt vielleicht der Preis des Emmentaler Käses, die Einwohnerzahl von Mexiko und die durchschnittliche Entfernung der Galaxien. Zwischen diesen Größen läßt sich dann eine hohe positive Korrelation ausmachen. Das bedeutet aber durchaus nicht, daß Goulds Lebensalter steigt, weil der Schweizer Käse teurer wird.

Unter den Wissenschaftlern hat diese Frontalkritik einen handfesten Krach ausgelöst. Viele Psychologen haben wütend auf sie reagiert, allen voran Hans Jürgen Eysenck: »Gould greift auf schamlose Weise die Reputation wissenschaftlicher Koryphäen an, mit denen er nicht einverstanden ist. Diese Angriffe entbehren jeder faktischen Grundlage.« Zum Schweigen gebracht hat er damit Goulds Argumente kaum; sie kehren in zahlreichen neueren Publikationen wieder.

IX.

Noch mehr Ärger

Zweifellos haben diese Kontroversen auch ideologische Gründe. Gould hat sich nämlich nicht mit erkenntnistheoretischen Einwänden begnügt; er hat auch die politische und soziale Problematik der Intelligenzmessung thematisiert. Die Propagandisten des IQ waren davon nicht angetan. Das ist kein Wunder, denn es handelt sich um ein Ärgernis, mit dem sich schon die frühesten Intelligenzforscher herumschlagen mußten. Kaum fingen sie an, ihre Mitmenschen zu vermessen, da drohte die ewige Debatte über den genetischen und den umweltbedingten Anteil an unseren Eigenschaften ihr Schlangenhaupt zu erheben.

Lange bevor der milde Binet seinen ersten Test entwarf, hat ein englischer Gelehrter namens Francis Galton die Stammbäume berühmter Landsleute untersucht. Er wollte beweisen, daß die hohe Intelligenz dieser Männer keine erworbene, sondern eine genetisch bedingte Gabe war. Die Ergebnisse veröffentlichte er 1869 in seinem Buch *Hereditary Genius*.[15] Seine Methode war einfach: »Count whatever you can.« Galton interessierte sich nicht nur für die Intelligenz; er versuchte auch andere Dinge zu messen, zum Beispiel die Wirksamkeit von Gebeten, die Sehschärfe, den Schädelumfang und die verschiedenen Grade der Langeweile. Zehntausend Personen sollen sich an seinen Experimenten beteiligt haben.

Leider ließ er es dabei nicht bewenden. Galtons Nachruhm beruht nämlich vor allem darauf, daß er den Begriff der Eugenik erfunden hat. 1883 schlug er vor, Heiraten und Geburten so zu reglementieren, daß sich nur diejenigen fortpflanzen könnten, deren Erbgut über jeden Zweifel erhaben war. Auf diese Weise wollte er eine menschliche Rasse züchten, »die den modernen Europäern geistig und moralisch ebenso überlegen wäre, wie die modernen Europäer den niedrigsten Negerrassen überlegen sind«.[16] Das blieb nicht ohne Folgen. Die Psychometrie hat sich schon zu ihren Pionierzeiten mit der Eugenik angefreundet. Ihre Gründungsväter sahen, wie Sir Francis, in dieser Lehre eine Möglichkeit, die Menschheit zu verbessern.

Ein gewisser Henry Herbert Goddard hat lange vor dem Ersten Weltkrieg Binets Test übersetzt und an seiner Schule in New Jersey ausprobiert. Wie seine Mitstreiter Terman und Brighan hielt er die so gemessene Intelligenz für eine feste, angeborene Größe. Er unterschied Normale, Schwachköpfe (*morons,* ein Ausdruck, den Goddard geprägt hat) und Demente. »Wir arbeiten ständig an der Steigerung unserer Effizienz«, schrieb Goddard. Verbrecher, Prostituierte und Alkoholiker stufte er als *morons* ein und schlug vor, sie in Anstalten einzuweisen, wo ihr Sexualtrieb unter Kontrolle gebracht werden sollte. Auf diese Weise würde sich diese Population nicht mehr fortpflanzen. »Können die Tatsachen, die wir feststellen, dazu dienen? Das ist keine Frage. Wir warten nur noch auf den *Human Engineer*, der diese Arbeit unternimmt.«[17]

Goddard nahm auch Einfluß auf die Einwanderungspolitik. Mit Hilfe seiner Tests glaubte er festgestellt zu haben, daß alle Immigranten, mit Ausnahme derer, die aus Nordeuropa stammten, eine »verblüffend niedrige Intelligenz« aufwiesen. 87 Prozent der Ankömmlinge aus Rußland klassifizierte er als *morons*, aber auch Juden und Italiener schnitten bei ihm schlecht ab. Auf Grund seiner Resultate wurden bereits 1913 und 1914 zahlreiche Immigranten deportiert. Unter dem Einfluß der Psychometrie beschloß der amerikanische Kongreß in den zwanziger Jahren, die Einwanderungsquoten zu senken.[18]

Die Anhänger der reinen Vererbungstheorie sind seither keineswegs ausgestorben. Besonders weit hat sich unser Lieblingsautor Eysenck aus dem Fenster gelehnt. Mit seinem Buch *The IQ Argument: Race, Intelligence and Education* wollte er beweisen, daß der IQ der Schwarzen in Amerika ganz allgemein niedriger ist als der der weißen Bevölkerung; ihre intellektuelle Unterlegenheit sei angeboren, wie überhaupt der genetische Anteil an der geistigen Ausstattung eines Menschen bei weitem überwiege.[19] Eysenck kann ihn sogar genau beziffern: »80 Prozent Erbfaktoren, 20 Prozent individuell differenzierte (spezifische) Umwelteinflüsse«.[20]

Natürlich treffen solche Behauptungen einen politisch hochsensiblen Nerv. Das hat sich besonders deutlich gezeigt, als zwei weitere Autoren, Richard J. Herrnstein und Charles Murray, anno 1994 ihre Untersuchung *The Bell Curve* unter die Leute brachten.[21] (Der Titel bezieht sich auf die Gaußsche Normalverteilung, die sich mit einer glockenförmigen Kurve abbilden läßt.) Das Buch wurde, obwohl es 845 Seiten stark und nicht ganz leicht zu lesen ist, sofort zum Bestseller; schon die gebundene Ausgabe fand über eine halbe Million Käufer. Der Grund für diesen sensationellen Erfolg ist klar: Die Autoren haben auf mehrfache Weise gegen den guten Ton verstoßen. Nicht nur, daß sie die Testleistungen auf überwiegend genetische Faktoren zurückführen und glauben, daß in der amerikanischen Gesellschaft ein hoher Quotient mit entsprechenden Erfolgen belohnt wird. Was noch viel mehr für Aufregung sorgte, war der Versuch, ihre Ergebnisse mit einer Klassenanalyse zu korrelieren. (Die Langzeitstudie, die dem Werk zugrunde liegt, beruhte übrigens auf einem Test, der von der amerikanischen Armee und für militärische Zwecke entwickelt worden war.) Herrnstein und Murray zufolge geraten unverheiratete Mütter, straffällige Männer, Schulabbrecher, Mütter, die Sozialhilfe empfangen, und überhaupt arme Leute jedesmal ins Hintertreffen, wenn es um die magische Zahl IQ geht.

Daraus ziehen die Autoren den Schluß, daß man Geburten von Frauen am unteren Ende der »Intelligenzverteilung« und der Einkommensskala nicht mehr wie bisher unterstützen sollte, eine Empfehlung, der die US-Regierung ein paar Jahre später auch gefolgt ist. Was aber das Allerschlimmste war: Herrnstein und Murray behaupteten, wie einst der Tolpatsch Eysenck, im Durchschnitt bleibe der IQ der Schwarzen hinter dem der Weißen zurück. Dieser Tabubruch führte zu einer erbittert ausgetragenen öffentlichen Kontroverse. Der Vorwurf des Rassismus konnte nicht ausbleiben. Ganze Bücher sind geschrieben worden, um die Autoren zu widerlegen oder zu verteidigen. Herrnstein und Murray haben sich allerdings gehütet, zu den Rezepten der Eugenik zu greifen. Eines jedenfalls ist unbestreitbar: Die landläufigen Tests eignen sich, ganz wie bei den Screenings der US Army aus dem Ersten Weltkrieg, hervorragend als Mechanismus der sozialen Selektion. Die amerikanische Rechtsprechung hat deshalb ihre Verwendung stark eingeschränkt. Unternehmern und Schulen ist es seit 1971 verboten, ihre Entscheidungen mit IQ-Messungen zu begründen, wenn es um Arbeits- oder Studienplätze geht.

X.

Hinauf, empor!

Bei all diesen Debatten spielt jedoch ein ganz anderes, vielleicht noch fundamentaleres Defizit der Intelligenzmessung eine Aschenputtel-Rolle. Um es zu beschreiben, genügt eine ganz einfache Umkehrung der Perspektive. Wir stellen uns die folgende Versuchsanordnung vor. Ein beliebiger Forscher aus Stanford, London oder Berlin wird mit einer der folgenden Personen konfrontiert, die seine Intelligenz einschätzen sollen:

a) mit einem Inuit aus Grönland,
b) mit einem Indio aus dem Amazonasbecken,
c) mit einem Seefahrer aus Polynesien.

Es gehört wenig Phantasie dazu, um zu erraten, wie ein solcher Test ausfiele. Unser Experte wäre hoffnungslos überfordert. Schon daß er es mit Analphabeten zu tun hätte, würde ihn wahrscheinlich irritieren. Vollends verstört wäre er, wenn diese Leute seine geistigen Fähigkeiten daraufhin überprüfen würden, ob sie ausreichten, Tausende von Pflanzen zu unterscheiden, Fährten zu lesen oder tiefe Strömungen an winzigen Nuancen der Meeresoberfläche zu erkennen. Die Blamage wäre eklatant.

Eine Ahnung von der entscheidenden Bedeutung kultureller Unterschiede hat die Intelligenzforscher gelegentlich beschlichen, so zum Beispiel John C. Raven, der 1956 einen sogenannten Matrizentest entworfen hat, um sprachliche oder kulturabhängige Fehlerquellen bei der Messung auszuschließen.[22] Ihm war jedoch, wie allen ähnlichen Versuchen, kein Erfolg beschieden. »Vermutlich«, sagen die meisten Autoren, die sich dieser Problematik gewidmet haben, »ist es unmöglich, einen Test zu entwerfen, der als ›culture free‹ oder zumindest als ›culture fair‹ bezeichnet werden kann.«[23]

Der IQ-Gemeinde hat das nicht zu denken gegeben – ganz im Gegenteil. Ein weiterer Experte, der neuseeländische Forscher James R. Flynn, hat 1987 eine aufsehenerregende Entdeckung gemacht. Er studierte die Testergebnisse, die verschiedene Populationen in den zurückliegenden sechzig Jahren erzielt haben, und stellte fest, daß sie sich in allen Ländern, für die es gesicherte Daten gibt, verbessert haben, und zwar um durchschnittlich drei Punkte pro Jahrzehnt und um fünf bis fünfundzwanzig Punkte in jeder Generation.[24] Die Gründe für diesen »Flynn-Effekt« haben die Gelehrten zum Grübeln gebracht. Vergrößerung des Schädeldaches? Höhere Komplexität der Zivilisation? Längere Schulbildung? Bessere Ernährung? Stärkere Mediennutzung? Fortschritte der Medizin?

Auch hat es an Stimmen nicht gefehlt, die das offenbar unaufhaltsame Wachstum unserer Gehirnleistungen auf einen schlichten Feedback-Mechanismus zurückführen. Ihnen ist nämlich aufgefallen, daß die Probanden schon deshalb immer schlauer werden, weil jeder aufgeweckte Zwölfjährige heutzutage mit den Testroutinen vertraut ist, ebenso, wie der gewitzte Schüler seinen Lehrer stu-

diert und ganz genau weiß, unter welchen Ticks und Marotten die Prüfungsordnung des zuständigen Ministeriums leidet. Für den erwachsenen Bewerber stehen einschlägige Ratgeber, Kurse und Seminare bereit, um ihn auf einen erfolgreichen Testablauf hin zu trimmen.
Die einfachste Erklärung hat jedoch der kluge Entdecker selbst geliefert: »IQ-Tests messen nicht die Intelligenz«, sagt er, »sie korrelieren eher schwach mit ihr. Das ist die Hypothese, die am besten zu den Ergebnissen paßt.« Flynn war allerdings nicht der erste, dem das aufgefallen ist. Schon 1923 hat Edwin G. Boring, ein angesehener Harvard-Psychologe, erklärt: »Intelligenz ist das, was Intelligenztests testen.«[25] Dieser Zirkelschluß muß jeden Verfechter solcher Testverfahren verdrießen; abgeschreckt hat er noch keinen.
Allerdings, eine süße Versuchung hält der Flynn-Effekt für die Wissenschaft bereit: Er verträgt sich wohltuend mit einer fixen Idee der Moderne, einem Zeitalter, das sich von jeher allen früheren Epochen, von der Steinzeit bis zum Mittelalter, überlegen wähnte. Dieser tiefsitzende Dünkel, der mit einer gewissen Fortschrittsidee zusammenhängt, geht Hand in Hand mit der Überzeugung, daß die Gegenwart den Gipfel der bisherigen Menschwerdung darstellt. Implizit oder explizit hält die Moderne unsere Vorväter für dümmer als sich selber. Diese Vorstellung läßt an Borniertheit nichts zu wünschen übrig. Sie verrät nicht nur ein historisches Bewußtsein, das auf die Zeitgenossenschaft geschrumpft ist; sie ist auch unter dem Gesichtspunkt der Evolution unsinnig. Schließlich ist es kein Geheimnis, daß die für

das Überleben des *homo sapiens* wesentlichen Grundlagen, von der Landwirtschaft und der Viehzucht bis zur Mathematik und der Schrift, schon vor Jahrtausenden geschaffen worden sind.

Es liegt auf der Hand, daß Gemütern, die das alles nicht einsehen wollen, der sogenannte Flynn-Effekt behagen muß. Daß alle Erhebungen, die ihm zugrunde liegen, auf die Vorurteile und Beschränktheiten derer geeicht sind, die sie erfunden haben, scheint die Experten kaum zu stören.

XI.

Auch eine Utopie

Man könnte aus vielen Gründen glauben, daß die Konjunktur der Intelligenzmessung ihren Höhepunkt überschritten hat. Spätestens seitdem die Diskurshoheit auf die Gehirnforschung und die Kognitionswissenschaft übergegangen ist, macht die experimentelle Psychologie einen reichlich altbackenen Eindruck. Wie immer, wenn eine junge, übermütige Disziplin auf den Plan tritt, die ihren Vorgängern den Vogel zeigt, dürfen wir von ihren Vertretern neue Erkenntnisse und neue Irrtümer erhoffen.

Dazu kommt noch eine weitere Anfechtung, der sich die traditionelle Testpraxis ausgesetzt sieht, und zwar im Modus ihrer Überbietung. In einer eher banalen Version geschieht das, indem das Monopol aufs Denken, das bisher den Lebewesen vorbehalten war, gebrochen wird. Warum sollen sie die einzigen sein, die sich mit dem Prädikat »intelligent« schmücken dürfen? Das fragen sich nicht nur die Produktentwickler, sondern auch ihre Helfershelfer aus der Werbebranche. Es gibt schließlich recht leistungsfähige Computer und andere interessante Geräte. Seit dieser Erweiterung unseres Horizonts sind wir von *intelligenten* Autos, Kochherden, Telephonen, Häusern, Waschautomaten und Küchenmaschinen umgeben. Das erste nationale Sicherheitsforschungsprogramm der deutschen Regierung trumpft sogar mit »optischen intelligenten Zäunen« und »intelligenten Detektorplattformen« auf, um uns vor allen denkbaren Unbilden zu schützen.

Noch weit ehrgeiziger sind die Propheten der Künstlichen Intelligenz. Sie verschmähen es, sich mit unserer Geschichte seit dem Pleistozän und mit unserer unbefriedigenden Gegenwart zu befassen, und haben sich statt dessen ganz der Zukunft verschrieben. Ihre innigste Hoffnung geht dahin, daß die Apparate, die wir erfinden, unsere Gehirne eines Tages gänzlich ersetzen werden. (Damit verlören zwar die IQ-Tester ihren Broterwerb; ein Verschwinden ihres Objekts hätte aber immerhin den Vorteil, daß wir uns über unsere eigene Intelligenz nicht mehr den Kopf zerbrechen müßten.)

Entworfen wurde diese technische Utopie im Jahre 1956 auf einer berühmten Konferenz am Dartmouth College, die von der Rockefeller Foundation finanziert wurde. Einer ihrer führenden Köpfe, John McCarthy, hat auch den Begriff der Künstlichen Intelligenz (AI) geprägt. Als Brutkasten ihrer Adepten diente das Massachusetts Institute of Technology. Dort lehrten Kapazitäten wie Marvin Minsky, für den das Ziel der AI die Überwindung des Todes ist, und Hans Moravec, der von einem Roboter schwärmte, der alles, was im menschlichen Gehirn gespeichert ist, auf einen Computer kopieren würde, so daß unsere sterbliche Biomasse entbehrlich wäre. Sein Kollege Ray Kurzweil verkündete ganz ungeniert: »Wir erlangen die Macht über Leben und Tod.«[26]

In ihrer Pionierzeit versprachen diese Leute schon für die Jahrtausendwende Maschinen, die alle Leistungen unserer Gehirne bei weitem übertreffen sollten. Das ließ sich die Defense Advanced Research Project Agency, eine Einrichtung des Pentagons, nicht zweimal sagen. Sie investierte Milliardenbeträge in das verheißungsvolle Projekt. Das Ergebnis erwies sich als ziemlich enttäuschend. Die elektronischen Schildkröten, die nach jahrzehntelanger Arbeit fertiggestellt wurden, hatten die größte Mühe, eine Treppe zu überwinden. Daraufhin blieben die großzügig gewährten Gelder aus, und es kam zu einem Klimasturz bei den Sponsoren, dem sogenannten »AI-Winter«. Heute beherrschen weniger ehrgeizige Ziele die Szene. Um die »starke AI« und ihre Allmachtsphantasien ist es recht still geworden. Sie überlebt nur noch in obskuren Sekten und in manchen Hollywood-Filmen.

XII.
Trotz alledem

Enttäuschungen über Enttäuschungen, Einwände über Einwände, Zweifel und Anfeindungen noch und noch! Man hätte denken können, daß der Umsatz der IQ-Industrie darunter stark gelitten hätte. Aber nein! Der Kult, der mit den Tests getrieben wird, zeigt keine abnehmende Tendenz. Über fünfhundert Millionen solcher Prüfungen müssen Kinder und Erwachsene allein in den Vereinigten Staaten alljährlich über sich ergehen lassen. Ein riesiger Markt hat sich entwickelt, auf dem die Angst vor der Dummheit immer enormere Dummheiten hervorbringt. Muß die Wissenschaft tatenlos zusehen, wie er immer bizarrere Züge annimmt? Keineswegs! 1989 hat die American Academy for the Advancement of Science, eine immerhin recht ehrwürdige Institution, eine Liste der zwanzig bedeutendsten wissenschaftlichen Erfindungen und Entdeckungen des zwanzigsten Jahrhunderts veröffentlicht. Neben dem Flugzeug, der Kernspaltung, dem Transistor und der DNA hat sie auch den IQ-Test für würdig befunden, in dieses Pantheon aufgenommen zu werden.

Die Website von Google verzeichnet für die Eingabe *IQ* inzwischen 109 000 000 Treffer, und es ist, je nach Gemütslage, zum Verzweifeln oder amüsant, einige der dort angebotenen Titel aufzuzählen: *Manager-IQ. Testen und steigern Sie Ihre Führungsintelligenz; What's Your Jewish IQ? The Great Football IQ Quiz Book; Test Your Rock IQ; IQ-Test für Katzen. Wie intelligent ist Ihre Katze wirklich?; IQ Islamic Quiz; Trainieren Sie Ihren Kalorien-IQ; Alien-IQ-Test; What's Your Sexual IQ?; Bible IQ; Karriere-IQ. Testen und steigern Sie Ihre Erfolgsintelligenz; Baby IQ. Für das Genie im Kind; Steigern Sie Ihren Golf-IQ* ... und so weiter und so immer fort bis zur Besinnungslosigkeit.

Vielleicht ist das alles nicht ganz so schlimm, wie es aussieht. Die Unterhaltungsbranche ist ja nicht arm an anderen Produkten, über die sich ähnliches sagen ließe. Und am Ende verdienen auch die seriösen Forscher, die sich mit unserer Intelligenz herumschlagen, eine gewisse Nachsicht. Zwar spricht der Evangelist: »Mit welcherlei Gericht ihr richtet, werdet ihr gerichtet werden; und mit welchem Maß ihr messet, wird euch gemesset werden. Was siehst du aber den Splitter in deines Bruders Auge und wirst nicht gewahr des Balkens in deinem Auge?«[27]

Aber in unserem Fall ist es leider nicht klar, wie sich ein solcher Fehler vermeiden ließe. Denn nur, wer sich selber für intelligent hält, wird sich für berechtigt halten, über die Intelligenz seiner Mitmenschen zu urteilen. Damit begibt er sich auf eine Metaebene, und das ist bedauerlicherweise nur der Anfang. Denn dasselbe gilt auch für den, der über den Urteiler urteilt: er riskiert einen infiniten Regreß. Somit läuft er, wie die, von denen er spricht, Gefahr, daß die rekursive Falle über ihm zuschnappt.

Nur ein gewisser Mangel an logischer Stringenz kann somit den vorliegenden Text vor diesem Los bewahren. Das alles bedeutet natürlich nicht, daß wir auf unsere leichtfertigen Alltagsreden in Zukunft verzichten müssen. Kein theoretisches Stirnrunzeln, kein wissenschaftlicher Skrupel wird uns daran hindern, unseren Mitmenschen nachzusagen, sie seien, je nachdem, wie uns zumute ist, intelligent oder dumm. So bietet sich am Ende unserer kleinen Führung durch den Irrgarten der Intelligenz ein einfacher Schluß an: *Wir sind eben nicht intelligent genug, um zu wissen, was Intelligenz ist.*
Schon deshalb wird auch der Dichter gut daran tun, sich lieber mit ihrem ewigen Widerpart zu beschäftigen und der Dummheit ein paar hymnische Zeilen zu widmen:

Himmelsmacht, die sich verbirgt in den Falten
des Stammhirns,
bodenlose Mitgift an das Menschengeschlecht
in saecula saeculorum,

unzählig wie die Milchstraße bist du
und vielfältig wie das Gras.

Mächtige Zwillingsschwester der Intelligenz,
Händchen haltend
zelebrierst du mit ihr ein trübsinniges Palaver.

Ja, es ist stark, wie du uns inspirierst in immer
neuen Verwandlungen,
als weibliche Dämlichkeit und als männliche Idiotie,

wie du aus den blutunterlaufenen Augen des
Schlägers leuchtest
und einhertrippelst im aristokratisch hüstelnden
Dünkel,

wie du uns anwehst mit dem Mundgeruch einer
beschickerten Muse
und als vielsilbiges Delirieren im philosophischen
Seminar.

Was wäre der Tüchtige ohne dich, stock-, stroh- und
hundsdumme Dummheit,
die feurig durch seine Adern rollt wie eine
Überdosis Amphetamin,

und der Forscher ohne die fixe Idee, der er durch
die weißen Korridore
seines Instituts hinterherrappelt wie die Ratte im
Labyrinth!

Gar nicht zu gedenken der Weltgeschichte, wessen
gedächte sie denn,
wenn nicht der Sieger in ihrem napoleonischen
Stumpfsinn.

So wird uns wohl der dümmliche Stolz des
Gewinners erhalten bleiben
und der dumpfe Groll des Verlierers, nur hie und da
versüßt

durch den erleuchteten Sums der Sektenpriester,
der Komiker und der Quartalssäufer. Dummheit,

oft Verleumdete, die du dich in deiner Schlauheit
dümmer stellst als du bist, Beschützerin aller
Hinfälligen,

nur den Auserwählten läßt du zukommen deine
seltenste Gabe,
die gebenedeite Einfalt der Einfältigen.

Sie sind die unbeschriebenen Blätter in deinem
großen Buch,
dessen Siegel du keinem von uns eröffnest.[28]

Anmerkungen

1 Ludwig Feuerbach, *Das Wesen des Christenthums.* Band 1, dritte Auflage, Leipzig: Wigand 1849, S. 84.
2 Theodor W. Adorno, *Minima Moralia. Reflexionen aus dem beschädigten Leben.* Frankfurt am Main/Berlin: Suhrkamp 1951; letzte Auflage Frankfurt am Main: Suhrkamp 2001. Nr. 126.
3 Aurelius Augustinus, *Confessiones*, XI. Buch.
4 Menge-Güthling, *Griechisch-deutsches und deutsch-griechisches Hand- und Schulwörterbuch.* Zehnte Auflage. Berlin: Langenscheidt 1913.
5 *Allgemeine deutsche Real-Encyclopädie für die gebildeten Stände. Conversations-Lexikon.* Neunte Auflage. Leipzig: Brockhaus 1845.
6 Joy Paul Guilford, *The Nature of Human Intelligence.* New York: McGraw-Hill 1967.
7 Rüdiger Wehner, »Theoretische Biologie«, in: *25 Jahre Wissenschaftskolleg zu Berlin.* Herausgegeben von Dieter Grimm in Zusammenarbeit mit Reinhart Meyer-Kalkus. Berlin: Akademie Verlag 2006.
8 Alfred Binet, in: *L'Année Psychologique*, 1905/Nr. 12., S. 191-244.
9 www.de.wikipedia.org/wiki/Rangkorrelationskoeffizient (Stand: April 2007).
10 Hans J. Eysenck, *Intelligence. A New Look.* New Brunswick/London: Transaction Publishers 1998.
11 Hans J. Eysenck, *Die IQ-Bibel.* Stuttgart: Klett-Cotta 2004.
12 Hans J. Eysenck, *Know Your Own I.Q.* Harmondsworth: Penguin 1962; deutsche Übersetzung: *Intelligenz-Test*, aus dem Englischen von Edelgard Stöhr, für die deutsche Ausgabe neu standardisiert und eingerichtet von Gerd Stöhr. Reinbek: Rowohlt 1972; letzte Auflage: Reinbek: Wunderlich 2006.
13 Oskar K. Buros (Hg.), *The Eighth Mental Measurements Yearbook.* Highland Park, N.J.: Gryphon Press 1978.
14 Stephen Jay Gould, *The Mismeasure of Man.* New York: Norton 1981; deutsche Übersetzung: *Der falsch vermessene Mensch.* Basel: Birkhäuser 1983.

15 Francis Galton, *Hereditary Genius*. London: Macmillan 1869; deutsche Übersetzung: *Genie und Vererbung*. Leipzig: Klinkhart 1910.
16 Zitiert nach Joachim Funke und Bianca Vaterrodt-Plünnecke, *Was ist Intelligenz?*. München: Beck 1998, S. 16.
17 Zitiert nach Gould, *The Mismeasure of Man*. Zweite, erweiterte Auflage. New York: Norton 1996.
18 Henry Herbert Goddard, *Human Efficiency and Levels of Intelligence*. Princeton: University Press 1920.
19 Hans J. Eysenck, *The IQ Argument: Race, Intelligence and Education*. London: Temple Smith 1971.
20 Hans J. Eysenck, *Die IQ-Bibel*, a. a. O., S. 91f.
21 Richard J. Herrnstein und Charles Murray, *The Bell Curve. Intelligence and Class Structure in American Life*. New York: Free Press 1994.
22 J. C. Raven, J. H. Court und J. Raven, *Manual for Raven's Progressive Matrices and Vocabulary Scales*. Oxford: Oxford Psychology Press 1992.
23 Joachim Funke und Biance Vatterrodt-Plünnecke, a. a. O.
24 James R. Flynn, »Massive IQ Gains in 14 Nations«, in: *Psychological Bulletin*, 1987/Nr. 101.
25 Edwin G. Boring, »Intelligence as the Tests test it«, in: *The New Republic*. 1923/Nr. 6.
26 Gespräch mit Jordan Mejias, in: *Frankfurter Allgemeine Zeitung*. 5. Juli 2000.
27 Matthäus 7,2.
28 Hans Magnus Enzensberger, »Hymne an die Dummheit«, in: *Kiosk. Neue Gedichte*. Frankfurt am Main: Suhrkamp 1995.

Suhrkamp Verlag GmbH
Torstraße 44, 10119 Berlin
info@suhrkamp.de
www.suhrkamp.de